JN269799

イラスト版

話のおもしろい人、つまらない人

人間関係が10倍うまくいく話し方のヒント

高嶋秀武［著］
高村あゆみ［絵］

PHP研究所

はじめに

最近、誰かとつながっていないと落ち着かない人が目につきます。メールが来たら即返信、食事どきもお風呂でも携帯電話が手放せない、友達とのランチからちょっと外されたら死んでしまうかと思うほど落ち込むなど、つながることに安心を求めている人がとても増えているように思います。

それでいながら、コミュニケーションがうまく取れないと悩む人が多いのも事実なのです。コミュニケーションというのは、相手と交流することで情報を伝えたり、意見を交換することです。おそらくつながっていたいという願望はあっても、それは一方的なもので相手のことを考えていないために、うまくコミュニケーションが取れないと思い込んでいるのかもしれません。

コミュニケーションの第一歩はしゃべることです。せっかくなら「話のおもしろい人」と思われた方がいい。でも、ここで間違ってはいけないのは、話がおもしろい人イコール笑いが取れる人ではないということ。

たとえば、最近の若いアスリートのインタビューを聞くと、決しておもしろい話をするのではないけれどどれも好感が持て、つい聴き込んでしまいます。スキージャンプ女子ワールドカップで優勝した高梨沙羅さんのインタビューでは、素朴な中にも闘志や周囲の人への感謝があふれていました。中には飛び抜けた人もいて、プロ野球の日本ハムファイターズの斎藤佑樹投手のように、開幕戦のヒーローインタビューで「(私は)持っていると言われてきましたが、背負っています」と見出しになることをしっかり言える人もいますが……。彼らに共通しているのは、自分の言葉でしゃべることで、周囲の人を引きつけているということです。

話のおもしろい人というのは、相手を引きつける魅力のある人だと思います。この本には、相手を引きつけるちょっとしたポイントが書かれています。ひとつでも身につけて、話のおもしろい人になっていただけたらと思います。

なお本書は、以前PHP研究所より刊行された『話のおもしろい人、つまらない人』(文庫版・改訂版)を加筆・改筆し、再編集したものです。

高嶋秀武

話のおもしろい人、つまらない人

もくじ

第2章 話のおもしろい人になる!

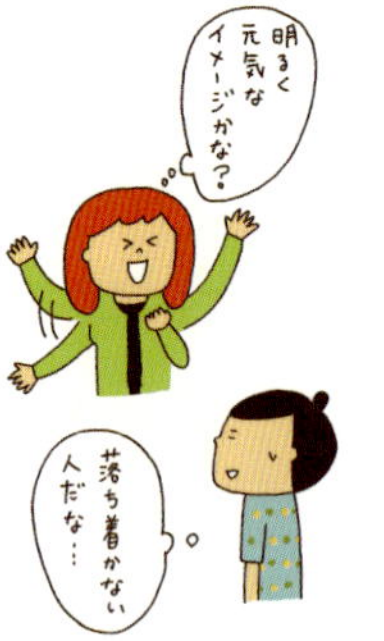
明るく元気なイメージかな?
落ち着かない人だな…

第3章 「説得力のある話し方」をするために

第4章
「魅力的な話し方」をするために

第5章

「マナーに合った話し方」をするために

イントロダクション

「話のおもしろい人」はここが違う！

人間関係がうまくいく話し方って?

野口麗子です。お酒大好きOL、彼氏募集中です
鈴木明美です。おしゃべり大好きな主婦です
山本元輝です。声が大きくて元気がいいと言われます
音無守です。几帳面なタイプです
ある日のこと…
商談成立 がんばりましょうね!!
ですね
どうも よろしくお願いします
さっそくですが、今日は我が社の新商品をご覧頂きたくて伺いました
…
う… うーん
ボソッ
先日テレビで紹介されたんですよ。日曜の夜なんですけど、○○って番組ご存じですか?
ワキ
あ〜〜見てる見てる!!
ハハハ
ハハハ
…
チャンス
今だ!!
そこで、我が社のこの製品で!
あ、でもそれは難しそうですよね…
あー やっぱり…
ガーーン
今回はちょっと難しそうなのでまた今度に…
ガタッ
あ…はい…
はぁーー
トボ
トボ

おはよう、麗子さん
あっ
ねえねえ、昨日テレビで見たんだけど…
ペチャ
クチャ
ペラ
そうそう、中学のときの○○ちゃん、覚えてる?
近所のケーキ屋の…
ヨガ習い始めたんだけど、結構よかったな～
ペラ
明美ちゃんって、いつもすごく元気だな～
うん…うん…
そうなんだー
結局何の話だったんだろう…
じゃあまたね!
うん、またね
麗子さん、相変わらずきれいだなあ。憧れちゃうわ
でもなかなか距離が縮まらないなあー
その夜…
私って、話してもつまらない人って思われてるかも…
私の話って、果たして本当に伝わってるのかな?
聞いてほしいことをもっと上手に相手に伝えられたらいいのに
いつもよけいなひと言で場を盛り下げてしまう…
はぁ
話し上手になれたらなぁ…
※4人の夢の中
おもしろい話ができるヒントがここに書いてあるから読みなさい
ボワワワーン
お告げ
翌日
これだー!!

「話のおもしろい人」3つのヒント

◆めざせ！ 声のいい人

「話がおもしろい」と言うと、抱腹絶倒《ほうふくぜっとう》の話題や話術を持っている人を想像するかもしれませんが、必ずしもそうとは限りません。

おもしろい話をする人は、しゃべり方と声に色がついているような気がします。それもそこ抜けに明るい色。美声でなく多少しゃがれ声でも、前向きで明るく、相手の気分をよくしてくれる声や言い方であれば、十分「声がいい」と言えます。逆にどんなにおもしろい内容の話をしても、暗い声でぼそぼそしゃべったり、表情のない平坦な語り口ではおもしろいと感じられないし、聞いている方の気分も滅入ってきます。

人間はいつも気の利《き》いたおもしろい話ができるわけではありません。話す内容を考え、しゃべり方の順序を決めてオチまで作る、という作業をいつもできたらいいのかもしれませんが、それは大変難しい。ですが、愛想よく相手と話をしたり、笑顔で応

対するだけで、何となく「話がおもしろい」人という雰囲気とイメージを作ることはできます。最後にモノを言うのは、笑顔と明るい声。ぜひ、声のいい人をめざしましょう。

◆その存在こそがおもしろさの基本

滑舌《かつぜつ》がいいわけでも美声でもなく、くり返しが多く聞き手の顔も見ないで一方的にしゃべる……決して話がうまいと言えないのに、それでも聞き手におもしろい話だと思わせる人がいます。それは、次から次へとわいてくるアイデアやそれを形にできる実績、あるいはその人の人間性の魅力が人の心に届き、「その人の話を聞きたい」と感じさせるからです。

周囲を見回してみても、自分がおもしろいと思ったところへ飛んでいって新しいものに興奮し、おもしろいアイデアを出す人はいます。しかし、行動がともなわず往々にしてアイデア倒れ。しゃべり散らしただけで何もしない人が多いものです。行動がともなってこそ、言葉の重みも増すもの。それを忘れてはいけません。

◆雑談で相手の気持ちを引き寄せる

最近は人とコミュニケーションが取れない、情報が伝わっていないのではないかという不安や飢餓感《きがかん》にさいなまれている人が多いようです。情報や言葉があふれすぎているために、どれが真実で何を物語っているのか実感しにくく

なっているのかもしれません。こんな時代だからこそ、絆をつなぐ言葉、相手を楽しませるおもしろい話が必要だと思います。

デジタルの時代は「スピードが命」なのはよくわかりますが、何でも直球勝負、忙しいのか挨拶もそこそこに、すぐ本題に入る人がいます。

たとえば、「ところで今日は、部品の価格についてお願いにあがりました。何とか1円でお願いできないでしょうか」と、いきなり単刀直入《たんとうちょくにゅう》に言っても、相手の気持ちがそこまで行っていないとギクシャクしてしまいます。

まずは相手の気持ちを引き寄せることが第一歩です。人間は感情もあるし、体調がよくないときもあって、人間関係はどちらかというとアナログ的な要素が多いものです。しかも出会ったばかりではそのときの相手の気持ちがわからず、会話を始める準備にも温度差があるかもしれません。

相手との間合いをはかり、話をうまく進めるために必要なのが雑談です。雑談しながら相手の気持ちをほぐし、次第に本題に持っていく。その頃合いが難しいのですが、雑談が上手になれば、「あの人、話がおもしろいね」と言われる素養のひとつを身につけたことになります。

「話のおもしろい人、つまらない人」の例

話がおもしろい人をマネしたり、エッセンスを取り入れながら、自分なりの「おもしろい話の仕方」を身につけていきましょう！
何だか引かれてる？
印象に残らない
いまいち相手に響かない
きつい印象を持たれちゃう

❶おもしろい話をする人は声に明るい色がついている

前向きで明るく、相手の気分をよくしてくれる声や言い方は「話がおもしろい人」の雰囲気とイメージを作ることができます。

OK
あ、〇〇さん？ △△です。ご無沙汰しております
あ、△△さん。お電話ありがとうございます
NG
◇◇さんですか？ ロロですが
はい
今、電話いいかな？
いいですけど

❷話し方がうまくなくても「おもしろい」と思わせる

その人の経験や実績、アイデア……しゃべり方を超えたところにある本人の存在そのものが生きていると、その人の話を聞きたいと人に感じさせます。

❸まずは雑談で相手の気持ちを引き寄せる

出会ったばかりでは相手の気持ちがわからず、会話を始める準備にも温度差があるかもしれません。雑談で相手との間合いをはかり、話をうまく進めましょう。

column

おもしろい話をするあの人 1

12ページで、おもしろい話をする人は、声がいい、しゃべり方と声にそこ抜けに明るい色がついていると述べましたが、その代表例とも言えるのが明石家さんまさんと、所ジョージさんではないでしょうか。

昔、タモリさんが所さんを評して「トイレの100ワット」と言ったことがあります。「むだに明るい」ということなのですが、たしかに何か特別におもしろいことを言ったり、したりするわけではないのにとにかく明るい。さんまさんがトークバラエティで司会するのを見ても、相手が何かしゃべるとそのたびに大きなアクションで笑いながら受けたり、参ったなという感じで相手をいじります。その受け方のうまさもあるのでしょうが、それ以上にいつも明るい話し方が変わらないので、見ているこちらもついつられて笑顔になってしまいます。

話に応じてカメレオンのように暖色系に声色が変化して、飽きさせず、まさに「声がいい」ふたりと言えるでしょう。

第1章

話がつまらない10のタイプ

空気が読めない鈍感人間タイプ

人と話すときに一番気にしなければならないのは、「場の空気」です。たとえば、初対面の人が数人で会ったとき、自己紹介が終わり相手のことも多少わかってきて、場がかなりほぐれてきたのに、相変わらず「石」のように態度も口調も堅い人がいます。これは場の空気が読めない人の典型です。

「部長はどちらにお住まいなのですか」などと、いつまでも型通りの話ばかり。これでは相手との距離を縮めるどころか、話題がなかなか広がらないので場が盛り上がらず、周囲も白けて無口になってしまいます。反対に、かなり盛り上がってきていろいろな人が活発にしゃべり出したときに、相手の話を聞かずにひとりでしゃべりまくるのも、空気が読めない人と言えます。

話がつまらない人とは、言い換えれば「場の空気を感じる感性が鈍い人」です。感性の鋭い人なら、白けてきたと感じたら自分が三枚目になり場が和《なご》むことを言ってみるでしょうし、反対に空気が過熱しているときは控えめになりゆきを見守ることもでき

そんなにしんみりしないでそれより今度の週末…
……
真面目な話をしてたのに…

るでしょう。

人が集まればどんな場でも「パーッと行きましょう」などと言い、盛り上げなければならないと勘違いしている人がいますが、場の空気がピリッとして真面目になっているときに、おどけた役をする必要はありません。反対に、日頃はおちゃらけた様子の人でも、「じつはその件については以前より関心がありまして、少しご説明させていただけますか？」というようにあらたまった感じで話をしたら、周囲からの注目を浴び、けっこう勉強家なんだなと評価も上がるでしょう。

人が集まるところには、それぞれさまざまな空気があります。そのことを肝に銘じなければ、おもしろい話はできません。

紋切り型のアナウンサータイプ

街中で「話し方教室の生徒募集」の広告をよく見かけます。話し方教室の講師は、現役かリタイアしたアナウンサーということも多いのですが、アナウンサーが必ずしも話がうまいとは限りません。アナウンサーは人前でしゃべる機会が多く、話がうまいというイメージがありますが、話し方の基本ができているのと、話がおもしろいかどうかはまったくの別物。アナウンサーはなまじ基本的な訓練を受けているために、型にはまったしゃべり方になりがちな気がします。

おもしろいスピーチとは、場に合った話をいかにしゃべるかが勝負です。結婚式にしろパーティーにしろ、その都度出席者も違うし、その場の雰囲気も同じではありません。「こうすれば必ずウケる」といったテクニックやノウハウはないのです。

アナウンサーの話が一般の人よりうまく聞こえるのは、一にも二にもしゃべり慣れているから。マイクの前で発する第一声が、大きくクリアな声のため、うまく聞こえるのです。しかし、アナウンサーすべてが必ずしも聞き手を爆笑させるとか、しんみりさせるといった、その場に合わせたうまい話ができるわけではありません。

会場がリラックスしてきたときに、きれいな声で通り一遍のスピーチをしても、会場の雰囲気は白けるだけです。会が始まったばかりならいいかもしれませんが、会場の空気がこなれてきたら盛り上げるような話をしなければ、しゃべり上手とは言えません。

「話がおもしろい」と言われたいならば、アナウンサーのような型通りの話し方はしないこと。そうしなければ、「あの人の話は、いつも同じでつまらないね」などと言われかねません。テクニックやノウハウよりも、「その場の雰囲気にぴったり合った、自分らしい話をする」ことを心がけたいものです。

計算尽くしのパーソナル広報マンタイプ

世の中には自分のイメージを守ろうとする「パーソナル広報マンタイプ」がいます。自分のイメージを自分でガッチリ作り上げ、ひたすら守ろうとする人です。たとえて言えば、女優や企業の広報マンをイメージするとわかりやすいでしょうか。

女優、とくに美人女優はなかなか本音を言わないし、必要以上にイメージを守ろうとするようです。インタビューで何をどう聞いても、通り一遍の答えしか返ってこないことが多いのです。おそらくファンが神聖なものとして接してきたせいで、余計にイメージを守らなければならなくなったのでしょう。

イメージを守ると言えば、企業の広報担当者も当てはまります。会社の看板を背負っているので、マイナスの要素は極力出さないようにしなければならず、本音も言えないのでしょう。もし言葉尻をつかまえられて、「広報担当はこう言った」などと責められたりしたら、会社にとっても自分にとっても一大事。そのため形式的な話しかせず、おもしろくないのです。

女優や会社の広報マンは職業なので、素の自分に戻れば、「話がおもしろい人」の可能性も十分あります。しかし、「パーソナル広報マンタイプ」の人の話は、つねに自分の都合のいいことばかりで本音が出ず、話すことすべてがオブラートに包まれた感じになります。これでは今ひとつ実感がわかず、聞き手の心に響きません。また、このタイプは自分の弱みや本音を出さないことが多く、なかなか親しみを持たれないものです。

会話は相手から思いもかけない返球が飛んでくることで興味や好奇心が刺激され、弾んでいくものです。本音を隠して計算されたしゃべりは、予想がつくことばかりで意外性がなく、退屈でつまらないものです。

自慢話だらけのナルシストタイプ

数人で昼食をとりにチェーンのカレー屋さんに行ったときの話です。注文した品が出てきて食べ始めると、ひとりがしゃべり出しました。

「カレーの歴史というのはね、大英帝国が香辛料を手に入れるためにインドに対して戦争をしかけ、それが香辛料戦争と呼ばれて……」

けれども、その程度なら知らない話でもないし、忙しい昼休みにうんちくをしゃべられても面倒なだけです。悪気があってしゃべっているのではないでしょうが、こういう人は、相手が自分の話を聞いて感心するのを見て満足するタイプです。話しているのが自分より若い人なら「そんなことは知ってるから早く食え」で終わりですが、相手が先輩や取引先の人ならそうもいかず、感心するまで話をやめないので、「いや、すごいですね。はあ、そうですか」など、あいづちをうたないといけません。

これが知識の披露ではなく、自慢話の場合はもっと疲れます。人間はほめられればうれしいし、自分の自慢は語りたいものですが、そこはグッと我慢。自慢話は第三者が語ってくれた方が、効果があります。

たとえば僕は昔、「我ながらいい放送だった」と自負していた中継があったのですが、他人に話したことはありませんでした。あるときアナウンサーの集まりがあって、某局のアナウンサーが僕の横に来てひと言。

「あの中継を聞いて、本当に感心しました。あれで入社2年目だと言うんで、ビックリしましたよ」

その人は第一線で活躍するアナウンサーで、周囲の人の僕に対する評価も上がりました。会社で地位が上がると自慢話をしたくなりますが、語れば語るほど人気も評価も落ちていくものです。どんな立場になっても「謙虚さ」を忘れないようにしたいものです。

間が悪いバッドタイミングタイプ

なぜか忙しいときに限って電話をかけてくる人がいます。急用なら仕方ないのですが、「ちょっと時間が空いたから、どうしてるかなと思って」などとのんびりした口調でしゃべる相手。電話を切れる相手ならいいのですが、取引先や先輩など、こちらからは切りにくい相手の場合は困りますね。

「そうそう、ところで、東京スカイツリーには行った？　やっぱりトレンドだし、実際見ておかないと。たしかに入場料は高いと思うけど、自立式電波塔としては世界一の高さだし……。あの形も、見る方向によって違うらしいよ。なんでも断面が三角形から円形に徐々に変化して……」

と、こちらは気が急《せ》いて、答えがうわの空になっているのも気づかずしゃべり続けます。このような間の悪さはいかんともしがたいものですが、せめて電話をかけるときは、「今、話していいですか」「3分ほどお時間いただければ」などと前置きしてから話し、相手の状況を気遣うのがマナーです。

間が悪いと言えば、大勢で真面目な会議をしているときに、「いよ、さすが○○さん！」などと、急にバカバカしいギャグを言って茶化す人もいただけません。せっかくいい発言が出たのに、おかげで場の雰囲気が一瞬にして変わってしまい、それまでの議論が一気にトーンダウンしてしまいます。

本人は相手をのせて場を盛り上げ、サービス精神を発揮しているつもりかもしれませんが、場をわきまえないギャグはおもしろくないのです。

それに、間の悪い人は、話がおもしろいとかつまらないとかいう以前の問題で、誰にも話しかけてもらえなくなるものです。くれぐれも「間の悪さ」には注意しましょう。

人の話を聞かない馬耳東風タイプ

　何人かでしゃべっているときに、相手が話し終わっていないのに、自分が知っていることや引っかかったことがあると、途中から話を取ってしまう人がいます。

　たとえば、会社帰りに男女数人で飲みながら仕事についてしゃべっていると、「○○さんって言えば、この間あの人と飲みに行ったんですよ」と、突然しゃべり出します。

　それまでの話題はその人の顧客からのクレームについてなのに、「○○さん」というキーワードを見つけるや、すぐに飛びつき、口を開きます。

「○○さんって言えば、今年こそやせると言いながら、10時と3時に必ずおやつを食べているから、ダイエット中じゃないんですか？　と聞いたんですよ。そしたら早朝のジム通いを始めたらしくて、よけいにおなかが空くようになったんですって……」

　顧客のクレームの話が、いつのまにかダイエットの話になっています。

　相手が聞いていようがいまいがお構いなし。自分のしゃべりたいことをとうとうとしゃべり続けるこのタイプは、話の進行を妨《さまた》げるばかりか、人の気分も害します。

　また、相手の話を取るだけではなく、何の話をしていても最後はすべて自分の話に持ってくる人もいます。「自分はこれができます！　やれます！」と、自分の実績を自分で売り込むことこそが社会で認められる方法、と勘違いしているようなケースです。

　日本人は今まであまり自分の実績を外にアピールすることなくきたので、アピール自体はよいことです。しかし一方的に主張し、相手に自分の言葉が届いていないことさえ気づかない人は困りものです。このタイプは、周囲が何も言わないのをいいことに、自分流を押し通します。物怖じしないことと横柄《おうへい》なのは紙一重。自分の世界に浸って人の話を聞かない人は、話をしてもつまらないものです。

気を滅入らせるネガティブタイプ

何を言ってもネガティブな答えで、周囲の人の気を滅入らせる人がいます。

たとえば、人気歌手のコンサートチケットが手に入りそうなので誘うと、まだ日程も決めていないうちから、「でも混んでるし」「どうせ疲れるだけだし」「だって夫が反対するから」などと反対の理由を見つけては、後ろ向きの答えを返してくる。こうした反応は、相手のエネルギーと時間を一瞬にしてむだにしてしまいます。

仕事の会議などでも、意見が活発に出て出席者の意見もほぼ固まり、「さあやろう！」というときに、必ずマイナス点を指摘して水を差す人がいます。その件についてはすでに話し合ったし、そう思うならなぜもっと早く言わないのか、という出席者の気持ちをまったく無視して、最後の最後で気の滅入ることを言うのです。これでは「議論が出尽くしたところで、じゃ、始めましょう」と言うのではなく、「議論が出尽くしましたが、最初からやり直しましょう」と言うのと同じです。

何か相談すると、必ず反対する人も同じタイプ。たとえば会社を辞めて起業しよう

か悩んでいる人が、その人に相談したとします。まるで自分が辞めるかのように深刻な顔で話を聞いた後で、「辞めない方がいい。会社の看板があるから君は存在するのであって、それを取ってやっていくのは無理だよ。体を壊しても社員だったら、保障もあるし……」など、ネガティブなアドバイスをされたらどうでしょう。話をしている人は、いちおう辞める決心はできていたけれど、あとひと押しがほしくて相談したのかもしれません。

慎重な人の助言で最悪の事態を避けられることもあるでしょうが、「いつでもネガティブ」で相手の気分を滅入らせるタイプは、話がつまらない人の第一人者と言えるかもしれません。

話が長い自己陶酔しゃべりタイプ

ただ話が長いだけの人は、結婚披露宴などでよく見かけます。このタイプの人は、前の人と話が重複していようが時間が押していようがお構いなし。用意してきた原稿を最初から最後まで長々と読んだり、聴衆が飽きていようが、会場がざわついていようが用意した話を気にもとめず、ひたすらしゃべり続けるので、本当に始末が悪いものです。数十分もしゃべった後で、「簡単ですが私の祝福の言葉とさせていただきます。ご静聴ありがとうございました」などとシャーシャーと言うのです。

僕はこれを「自己陶酔しゃべりタイプ」と言っています。長いのが通り相場の浪曲だって中抜きの短いバージョンもあります。話はもっと切ってコンパクトにしゃべった方が、お客さんも聞いてくれるようです。

現代においては「タイム・イズ・マネー」――時は金なり、です。昔なら3日3晩の結婚式も普通だったのでしょうが、最近ではひと組につきパッケージプランで2時間30分が基本です。その限られた時間内で、新郎新婦の紹介から双方の主賓の挨拶、スピーチ、乾杯、ケーキ入刀、友人の余興などを全部行わなければならないのです。過密スケジュールの中で長々としゃべられたのでは迷惑というものです。話は「長ければいい」というものではありません。

スピーチだけではありません。朝礼、会議、プレゼンテーションと、誰かを前にしゃべる機会はいくらでもあります。

おしゃべりはその場の状況に応じて、省略したり、アレンジしたりするものです。小言や叱責も長々とやっていては効果はなくなります。ビシッと叱った方が、相手に与えるインパクトが強い場合もあります。臨機応変に話ができない人は、やはり「話がつまらない人」の烙印《らくいん》を押されてしまいます。

カッコだけのエセ業界人タイプ

人が集まる場所で、タレントのようにワーワーしゃべって場を盛り上げるのが相手を喜ばすこと、と思い込んでいる人を見かけます。みんなの笑いを取るとニンマリして、「よし、つかみはＯＫ！」と、悦《えつ》に入る人。少しでも盛り上がると、その場にいるすべての人が喜んでいると思っているのでしょうか。テレビタレントもどきの大学生や若いサラリーマンが、先輩や取引先のいるところでバカをやり、業界人みたいなことを口走っているのを見ると、あきれてしまいます。

この「つかみ」というのもおかしな言葉で、何をつかみたいのかよくわかりません。相手の気持ちか、その場の雰囲気か、その場の主導権なのか。だいたい「つかみ」というのは、瞬間芸のようなものでまったく深みがありません。口先で思いつくままにしゃべり、話の内容は二の次になっているからです。

話は内容によって、緩急《かんきゅう》も必要だし、強弱をつけることも大切です。それによって、何を一番伝えたいのか、どこをわかってもらいたいかが相手にも明確に伝わり、はじ

めて会話が成立するのです。ところがつかみだけに重点を置いたしゃべり方をすると、つい盛り上げようと声が大きくなり、相手に口を挟むすきを与えません。

テレビの中はタレントの役割がそれぞれ決まっていて、出演者の間でも暗黙の了解があるからつかみによる盛り上げが成立するのだということを忘れてはいけません。

見た目の明るさやハデさだけをマネた、エセ業界人気取りのしゃべり方は、内容がなければ実際の社会生活でやると信用を失い、次第に真剣に耳を傾けてもらえなくなります。明るいのと騒がしいのは違います。「つかみ」だけの人が重宝されるのは、年に数回の宴会の席だけなのです。

不快な心理的強要しゃべりタイプ

世の中は、まさに十人十色で、人それぞれ性格が違います。たとえば、枝葉末節《しようまっせつ》にこだわったことばかり言う人がいるとします。「こういうタイプの人もいるんだ」と受け流せればいいですが、もし大雑把な人にこのような上司がいたらどうでしょう。口答えはおろか、聞き流すことさえできず、従わなくてはいけません。今まで感覚優先で仕事をしてきて、報告書などもアバウトに書いてきたのに、突然理詰めタイプの人が上司になったおかげで、今までのやり方がまったく通用しなくなる……。こういう、心理的に何かを強要するタイプは世の中にけっこうたくさんいます。

たとえば、几帳面な上司が部下に対して、「もっと論理的に説明しなさいよ」と言ったり、反対にアバウトな上司が几帳面な部下に、「ノリが悪いよ。フィーリングにフィットするような、気の利《き》いたことが言えないの」と言う光景は、よく目にするのではないでしょうか。

たとえ上下関係がなくても、自分に合わない人への心理的な強要は頻繁にあります。

強要された方は自分がきらわれているのかと悲観的になり、相手と決定的ないさかいを起こす原因になることさえもあります。

同じことを伝えるにも、言い方次第で相手への印象は大きく変わります。たとえば大雑把なタイプの人には、「感覚的には現代にマッチしていていいと思うよ。ただし、相手の会社にプレゼンするには具体的な方法や数字の裏付けが必要だから、それを用意してくれると助かるな」と言ってみたらどうでしょう。素直に相手の話が聞けるでしょう。

心理的強要をする人の話は、言われた本人のみならず、周囲で聞いている人の気分も害します。このタイプの話は、決して愉快なものではありません。

Column

おもしろい話をするあの人 2

AKB48の生みの親であり、彼女たちが歌うほとんどすべての楽曲の作詞を担当している秋元康氏は、21世紀のコンセプトメーカーとして注目の的です。若い頃は放送作家として、僕のラジオの番組にも関わってくれたことがあります。当時からアイデアマンで、おもしろいことを考え出し、そのアイデアを鉄砲のようにしゃべりまくっていました。

その後、作詞家として多くの名曲を書くようになった頃にインタビューをしたことがあります。若い頃と違って声も落ち着きしゃべるスピードが格段に遅くなり、言葉を選んでいる様子が窺《うかが》えました。

「こうした方が、権威があるように見えるんですよ」

さすが当代きっての名プロデューサー。セルフプロデュースの極意もわかっています。

第2章

話のおもしろい人になる！

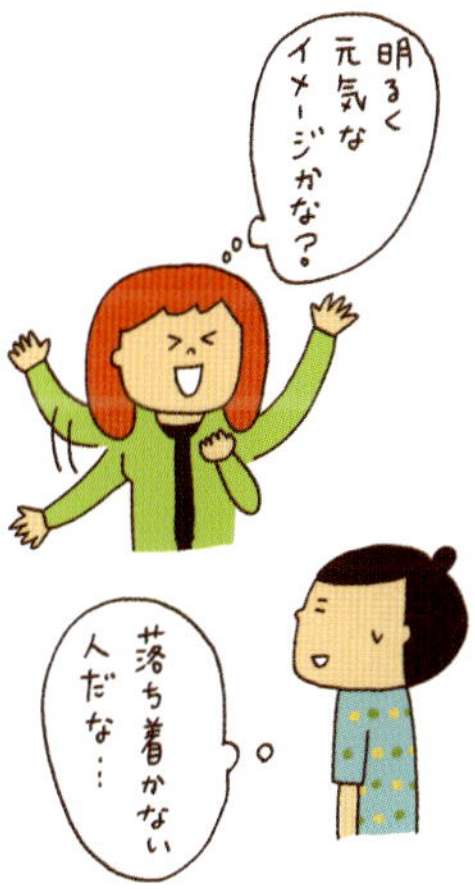
明るく元気なイメージかなっ？。
落ち着かない人だな…

「話のおもしろい人」になるためには⁉
明日はパートの面接か。麗子さんみたくしっかり者のイメージを見せないと！
がんばるぞー!!
明日は同窓会か。でも僕、目立たないし…山本みたいに明るくて、話がおもしろかったらな…
昔好きだった良子ちゃんにいいところみせたいなぁ…
明日は合コンか。明美ちゃんみたいに気さくな雰囲気で恋人ゲット！
今度こそ…！
合コン必勝
明日は取引先でプレゼンだ。音無みたいにしっかり説明するぞ！
企画
当日…奮闘する４人…
明美★面接中
あ!! は、はい！
わたくしは元気で明るいところが取り柄で、仕事はきびきびと…
キビ キビ
では履歴書をお願いします
ニコニコスーパー
ああっ、印鑑を押し忘れて…
はうっ!!
ビリッ
うわあっ、やぶれちゃ…すっすみません〜
なんだかそそっかしいけど、明るそうな子だからまあいいか…
お…落ち着いて…
音無★同窓会
ワイ ワイ
僕はー
ペラ ペラ
ペラ ペラ
僕はー
ヌピ ール
ハハハ
昔の無口な音無さんが好きだったのにな…
音無さん、何だか雰囲気変わったね
ガーン

麗子★合コン中
つかみはOKかも?!
ペラ
私の友達が…この間観た韓国ドラマで…好きな食べ物は…
ペラ
ワイワイ
麗子ちゃんっておもしろい人なんだね
楽しかったよ。麗子ちゃんとは友達になれそうだよ。また集まろうね!
え~~っ友達~?
元輝★プレゼン中
よし、しっかり説明して製品のよさを伝えよう
山田!! 任せたぞ!!
この製品の特徴は…
ブツブツ
う～ん
いまいちグッとこないなぁ～
取引先
ガーン
いつもの山田君の情熱なら、取引先も気持ちよくOK出せると思ったんだけど…
何だかうまくいかないな～
これをマスターすれば、みんなに「話がおもしろい」って言われるテクニックはないの?
ああー
はぁ…
う～ん
これをマネすれば絶対OKっていうテクニックはないけど、基本は相手を思いやりながら、自分の考えや本音を伝えること。これから、声の出し方など、話し上手になるために身につけておきたいことや、話すセンスを磨くヒントを紹介するよ

ポイントは好奇心と観察眼

ひと口に「話がおもしろい」と言っても、そこにはいろいろな要素が含まれます。語り口がおもしろい人は、「隣の猫が子どもを産んだ」というようなごく普通の話でもおもしろく聞かせることができますが、これは誰にでもできることではありません。一方で、いろいろな人生経験をしていたり、ものの見方がユニークだったりして、話題が豊富な人がいます。「あの人はいろいろなことを知っていて、話を聞いているとおもしろい」――そのように思わせる人です。彼らに共通するのは、好奇心と観察眼を持っている、ということです。

よく、家と会社の往復の毎日で話題がないと言う人がいますが、それは視線が外に向いていないだけのことです。よく観察してみると、話題はどこにでも転がっています。まずは、いつも好奇心のアンテナを張り巡らせて、新しい情報を収集することから始めましょう。情報が新しければ新しいほど、話し方があまりうまくなくても相手は話を聞いてくれます。初対面だったりあまり親しくない相手だと話題に困ってしまうこともよくありますが、新鮮な話題を用意しておけば話のきっかけになります。それが相手の興味を引き、話がどんどん広がっていくこともあるでしょう。

では、新しい情報はどうやって得るのでしょうか。インターネットやテレビ、雑誌などのマスメディアから得ることもできますが、「体験にもとづいたもの」が何と言っても一番。鮮度が高くて信頼性が高いのも、実体験ならではです。街に出かけたら、独自の視点を持って物事を眺めてみましょう。ぼんやりと過ごしていては、好奇心のアンテナに何も引っかかってきません。「別に」とやり過ごさず、関心を持ってみることです。

おもしろいこと…
落ちてないかな

観察眼を磨くウォッチング法

1 未知の世界に積極的に踏み込む

レストランやファッションなど、注目ポイントを決めて出かけたり、いつもの自分の好みや傾向と違うものを、あえてテーマに選んでみるのもおすすめ。

2 すぐにアクションを起こす

情報誌などを見て興味を引くものや場所があったらすぐに出かけてみましょう。

3 とにかくよく観察する

「他の人が見落としそうなことは？」「こんな切り口で人に話したらおもしろいかも」など、想像しながらチェック。感動屋・感激屋になってみましょう。

6 実感を挟みながら話す

実際に行ったり、見聞きしたことがある人でなければわからない情景を話しましょう。実感を挟むことで臨場感が出て、相手の興味を引くでしょう。新しい話題は知らない人もいるため、まず基本的な情報を伝えるのを忘れずに。古い話題でも、視点が新しければ十分におもしろい話になります。

この間、あのラーメン屋さんに行ってみたんだけどおいしかったよー
私も気になってたー
結構辛くなかった!?
辛さは自分で調節できたよ!

5 情報をストック

臨場感のある話ができるよう、情報を整理してストック。さりげなく話題に入れると好感度もUP。

店内は明るくてきれい
あっさり系
女性も入りやすい

このタレで辛さを調節できるんですよ
それって何ですか?

4 わからないことは聞いてみる

出かけた先でわからないことに出合ったら、迷わず聞いてみましょう。

話の聞き方にもコツがある

人との会話から得られるものは、たくさんあります。でも、つい忘れがちなのは、会話というのは「ギブ・アンド・テイク」の関係で成り立っているということです。会話はキャッチボールであり、投げられたり投げ返したりして相手といい関係を築いてこそ、いろいろな話題を引き出すことにつながるのです。

一方的に主張していたのでは、相手とのコミュニケーションが取れないばかりか、相手からの貴重な情報を得ることもできません。相手の話を聞いたうえで、意見や感想を述べることが必要です。

「日本人は親切だから、頭を下げれば何でも教えてくれます」――ある一流企業の社長さんから聞いた言葉です。わからないことを専門家に直接聞けるチャンスというのは、そうはありません。ましてや膨大な情報があふれている世の中で、専門家に直接聞くというのは、正確な情報を得るチャンスです。大いに活用すべきでしょう。

ただし、相手に何かを尋ねるときは、それなりにルールがあります。「○○って何ですか？　どういう意味ですか？」といった具合に、いきなり、調べればすぐにわかることを質問するのは論外。相手にも失礼だし、自分の勉強不足を露呈《ろてい》することにもなります。まずは自分である程度の基本知識を持っておき、そのうえで、わからない点や理解できないところを質問すれば、相手も気持ちよく答えてくれるでしょう。

　また、相手の話を聞くときには表情やリアクションで自分の反応を伝えましょう。自分が興味を持って聞いていることがわかるように、さらに、相手が興味を持ちそうな話題を提供することで、話が弾んでいきます。会話というのは、話す側も聞く側も「ギブ・アンド・テイク」であるという原則を、くれぐれも忘れてはいけません。

手に入れた情報をストックする

情報を得るためのポイント

①疑問点を絞り込む

何がわからないか、まずは自分で把握しておきましょう。

②予備知識を身につける

さしあたって必要でなくても、新聞や本、インターネットなどで、さまざまな知識を身につけておきましょう。

③正確・新鮮・詳細な情報を集める

話を聞く相手はできるだけ専門家がよいでしょう。周囲にいる、その道に詳しい人でも。

④礼儀を守る

すぐ調べればわかるような、あまりにも「非常識」な質問をしないよう注意しましょう。

⑤情報を消化する

教えてもらった情報は自分で整理し直すことが、理解を深めるコツです。

メモを取る習慣をつける

大人になると、新しいことがなかなか記憶に定着しないもの。“メモ魔”になるくらい、メモを取ることを日頃の習慣にするのがおすすめです。

メモ
メモ
メモ

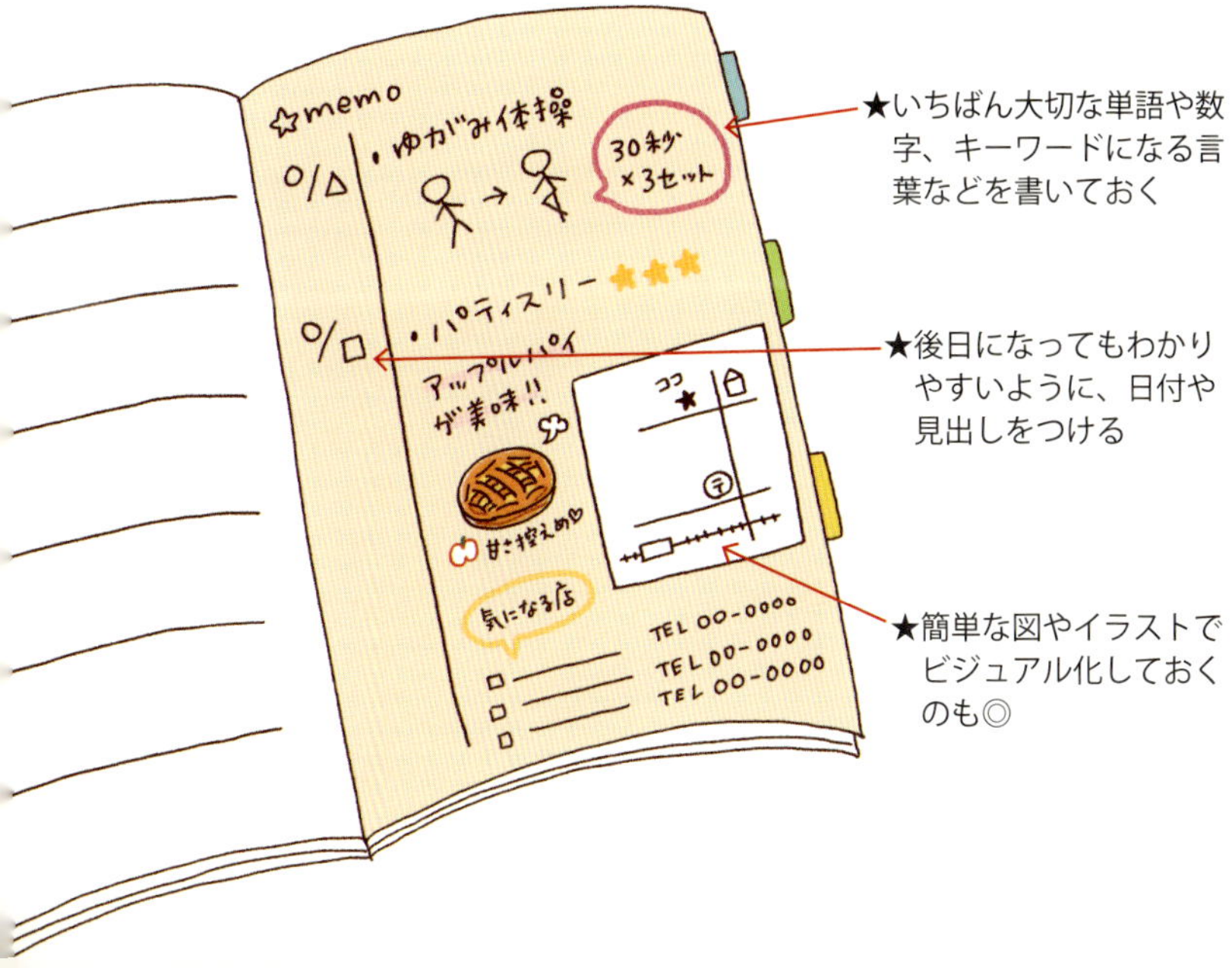
☆memo
・ゆがみ体操
30秒 ×3セット
・パティスリー
アップルパイが美味!!
ココ
甘さ控えめ
気になる店
TEL 00-0000
TEL 00-0000
TEL 00-0000
★いちばん大切な単語や数字、キーワードになる言葉などを書いておく
★後日になってもわかりやすいように、日付や見出しをつける
★簡単な図やイラストでビジュアル化しておくのも◎

自分のイメージは自分で作る

相手に自分を印象づけるには、まずは自分自身の特徴をしっかり把握することが重要です。自分の体格や性格、相手に与える印象などを自分で明確に意識することで、その特徴を最大限に活かしてアピールすることができます。

同時に、自分が人からどういうふうに見られているかということも、知っておく必要があります。たとえば、自分では自分を明るい楽天家だと思っていても、喜怒哀楽が顔に出やすいせいで気難しい性格だと人に思われているかもしれません。反対に、人見知りが激しい性格なのに、人のよさそうな表情から他人にはのん気な人と思われているかもしれません。

人間は、自分のことが一番わからないものなのかもしれませんね。自分の評価と他人の評価や印象は必ずしも同じではない、ということを忘れないようにしましょう。

では、自分のイメージを変えたいと思ったら、いったいどうすればいいのでしょうか。人の印象というものは、服装や髪型などでも変わりますが、とりわけ話し方を変えただけでガラリと変わることがあります。たとえば、早口のハイトーンで話すせわしない感じの人が一段トーンを落としてゆっくりな話し方をするだけで、落ち着いた人というイメージに変わることもあるのです。

つまり、イメージというのは自分の意識次第でいかようにも変えられる、ということ。そのためには、まず自分がどんな人に見られたいかを決めましょう。そして、そう見られるためにはどうしたらよいか、その方法を考えて実践していくことが大切です。人のイメージは自然と決まっていくのではなく、周囲の人が決めるのでもありません。自分で作ることができるのだ、ということをつねに意識してみてください。

明るく元気なイメージかな？
落ち着かない人だな…
ホホホ
キャラ替え
ウフフフ

鏡でチェック! ここがポイント

出かける前に身だしなみをチェック

出社前はもちろん、人に会う前には必ず鏡の前に立ち、身だしなみをチェックしましょう。おしゃれよりもさわやかさを心がけることで、好感度がアップします。

□目やになどがついていて、不潔ではないか
□髪は乱れていないか
□姿勢が悪くなっていないか
チェック!!
□シャツの襟や袖口が汚れていないか
□服装のコーディネートはいいか
□爪はきちんと切ってあるか
□ズボンやスカートにしわがついていないか
□靴は磨いてあるか

よい姿勢はよいイメージの第一歩

おしゃれや身だしなみに気を配っても、姿勢が悪くては台無しです。猫背で背中が丸くなっていたり、下を向いてあごを前に突き出したり……姿勢が悪いと、どうしてもだらしない感じを与えます。また、自信がないような印象にもなってしまいがちです。

姿勢をよくするとこんなにいいことが!

姿勢をよくすることは、服をきれいに着こなすことにもつながります。とくにスーツは「肩で着るもの」と言われ、左右の肩胛骨（けんこうこつ）を心持ち寄せるように胸を張ることで、きれいに着こなすことができると言われています。また、体内に入る空気の量が増え、大きなハリのある声を出せるようになります。

得意分野を味方につけよう

自分の得意分野の話題を持っていると、大きなアピールポイントになります。初対面の人やビジネスの相手と話していて、急に話に詰まることがあると思います。あまり親しくない間柄の人と沈黙の時間ができるのは、居心地が悪いものです。こんなときに、得意分野の話題は相手の気を引く力強い味方になってくれます。

そうは言っても、話題にできるほどの得意分野なんて持っていないという人も多いでしょう。得意分野を開拓するポイントは、自分の感性に響くもの、自分にとって楽しいものをチェックすること。そして、趣味を作ったり行動範囲を広げたりして、自分の世界を少しずつ大きくしていくことです。野次馬精神や冒険心を持っていることも、プラスにつながります。そういったことを意識して過ごしていると、人脈も広がり、自然に自信を持って得意だと思える分野が見えてくるものです。

ただ、得意分野を話題にするときには気をつけなければいけないことがあります。周囲知識や自信を持っている人の話というのは、ともすると独演会になりがちです。

を忘れて得意げにしゃべるのは、聞いている方にとっては案外苦痛なものです。

話すときには相手の反応を見ましょう。たとえばゴルフをまったく知らない相手にアプローチショットの打ち方を延々としゃべっても、相手は理解できないばかりか退屈してしまいます。しかし、有名プレイヤーの話題なら興味を持つかもしれません。好きなものや興味を持っていることは人の数だけあるのです。

相手が飽きていると感じたらすぐに話題を変えるなど、話題を上手に選ぶことも心がけましょう。得意分野の話を得意になって話すことは、相手にとって迷惑以外の何物でもありません。

記憶に残る人になろう

記憶に残る3つの要素

①インパクト(表情・表現)

グレイト!!
ドカーン
とね!!

②ウィット(切り口・話し方)

③メリット(情報内容)

ここだけの話ですが…

僕にはインパクトもウィットもない…

あの人誰だっけ?
さあ…

目が大きいなど、印象的な外見の人、立派な肩書の人、誰でも知っている有名人……わかりやすい特徴を持っている人は、それだけで相手の記憶に残ります。でも、どれにも当てはまらない「フツーの人」が相手に覚えてもらうためには、どうしたらよいでしょうか?

「得をさせてくれる人」になろう

「耳寄りな情報を教えてくれる」「立場をよくしてくれる」というように、「得」をさせてもらえるということは、相手の記憶に必ず残ります。ふだんから好奇心のアンテナを張り巡らせておくことで得た情報が、こういうところでも役立つのですね。このとき、相手の目を見てしっかり大きな声で話すことで、相手が受ける印象はぐっとよくなります。

会話の中から察知する

ビジネス上のつき合いでは、自分の要求より、まず相手が何をほしがっているか、何をしてあげると相手が喜ぶかを察する能力を磨く必要があります。相手が興味のあることは、積極的に質問する、目をこちらに向ける、長く話を聞こうとする、などの様子が見られますから、こうしたサインを見逃さないようにしましょう。

話を魅力的にする声と感覚距離

通りのいい声、ハスキーな声など、顔がそれぞれ違うように「声」にも個性がありま す。その個性を、印象深く魅力的なものにできるかどうかは、本人の努力次第です。

話し方の基本といえば「発声」、つまり声を出すことです。蚊の鳴くような小さな声でしゃべっていては、たとえいい話やおもしろい話をしても相手には届きません。相手に話を聞いてもらうための第一歩は、よく響く大きな声を出すことです。また、声が大きくても話がよく聞こえる人と、やけに聞き取りにくい人がいますが、たくさん空気を取り込み、声を出すときにその空気がしっかり声帯を震わせると、響きのある通りのいい声になります。

人と話をするときは、はっきりした滑舌《かつぜつ》も大切な要素。滑舌というのは、ひとつひとつの言葉をはっきり言うために、口や舌をなめらかに動かすことです。口をしっかり開けていないと、滑舌が悪くなってしまいます。鏡を手に持って口元を映し、口がしっかり開いているか、口元が動いているか、チェックしてみるといいでしょう。

また、話をするときは「感覚距離」も大切な要素。話というのは、つねに相手がいます。相手との距離が1メートルなのか5メートルなのかによって、話し方は当然変わってきます。たとえば「お母さん、それ取って」と言うときに、1メートルなら普通に言うだけでよくても、5メートルの距離なら声を大きくするだけでなく、何を取ってほしいのか指さすなど、アクションをしなければならないかもしれません。

静かな場所では小さいけれどはっきりした声で、騒がしい場所では大きな声で、というようにその場に応じた声を出すことが、より話を魅力的にするのです。

よく通る声を出すコツ

響きのある、通りのいい声を出す「発声練習」

①姿勢を正す

体の器官がまっすぐ伸びると、空気をたくさん取り込めます。

②大きく息を吸う

声の大きさは声帯を震わせる空気の量で変わります。

③ゆっくり一語一語区切って声を出す

口を大きく開け、最初は母音の「あいうえお」をはっきり発音できるよう、練習するとよいでしょう。

④慣れたら少しスピードを上げる

口の周囲の筋肉がなめらかに動き、ひとつひとつの言葉をはっきり言えるようになります。

大きな声を出す「腹式呼吸」

①仰向けになって、大きく息を吸い込む

まずは、おなかが上下する感覚を覚えましょう。

②肩幅より少し狭い間隔で足を開いて立つ

コツがつかめたら、立った状態で練習。立つとどうしても胸式呼吸になりがち。おなかに空気が入るまで何度でも練習を。

③ゆっくり鼻から息を吸う

息を吸うとき、おなかのあたりに手を当てて、おなかがちゃんとふくらむかチェック。

④口から息を吐き出す

おへその下3センチくらいのところを意識して、鼻から吸った空気を口から出します。くり返し練習すれば、次第に長く声が出せるようになるでしょう。

気配り・目配りの効用

会話では、たんに「しゃべる」だけでなく、話している相手が発する無言のメッセージをキャッチすることが必要です。とくにビジネスの場でよくあるのが、こちらがひとりなのに対し、相手側は複数で応対するケースです。

このようなときに問題になるのが、「誰に話すか」ということ。一番立場が上の人に集中的に話せばいいかと言えば、そんなことはありません。たしかに決定権を持っているのは上のポジションの人ですが、その場で一緒に話を聞いている人も、決定までのプロセスにおいて何らかの意見を言える立場のはずです。説明をしながらその場にいる人たち全員に目線を投げかけることで、その場にいるすべての人にこの話をしているという雰囲気を作ることが重要です。

さらに可能であれば、それぞれの人に意見や同意を求めたり、相手側の得意そうな話題を出して場全体を和《なご》ませたりすることも雰囲気作りにひと役買ってくれます。複数を相手に話すときは、絶対に仲間外れを作らないようにすることが大切なのです。

　また、複数の人が相手だと、相手の気持ちが読めなくなってしまいがちなことも問題です。相手が切り上げたいと思っているのに気づかずに話し続け、心証を害してしまうのは避けたいですね。相手が時計を気にしていないか、こちらの視線を避け始めていないか、あいづちが同じ言葉のくり返しになっていないか……そんな小さな変化や、相手のちょっとした反応や態度から「場の雰囲気」をキャッチする気配りが、会話を円滑に進め、あなたをスマートな会話術の持ち主にしてくれるのです。

ビジュアルの重要性を意識する

表情や身体の表現で話を伝える

おもしろい内容でも、悲しい表情で話すと、おもしろく聞こえません。楽しい話もお経のように抑揚のない話し方では、やはり楽しく聞こえないもの。話というのは、たんに内容を伝えるだけでなく、表情や体の表現といったビジュアルがあってこそ、最高の状態で伝わるものなのです。

中身を知ってもらう前にまずは見た目

「見た目より中身で勝負」とはいえ、人の第一印象は30秒で決まってしまうと言われています。ビジネスの場に関して言えば、仕立てのいいスーツをビシッと着こなしている人と、ラフなふだん着のままの人では、やはり前者の方が圧倒的に相手の信頼を得やすいでしょう。話の内容で中身を知ってもらう前に、まずは見た目から、と心得ましょう。

色による イメージ効果を狙う

色は、ダイレクトに視覚に訴えるだけに、自分をより強く印象づけるツールとして使うことができます。どんな色がどんなイメージを与えるのかを知り、自分をより効果的に演出してみてはいかがでしょうか。

赤● 力強さや活力を表す。エネルギー不足を補いたいときに。

青● 冷静さをアピールしたいときに効果的。

紺● 熟考、理知的、自信を表す。意志の強さを表したいときに。

茶● 落ち着いた雰囲気を演出。自分自身が落ち着きたいときにも。

緑● 調和やバランスを表す。他人と調和を取りたいときに。

ベージュ● 警戒心をゆるめる。初対面の人に会うときに。

グレー● 目立ちたくないときや、受け身でいたいときに。

column

おもしろい話をするあの人 3

iPadやiPhoneなど画期的でカッコいい製品を次々と世に送り出した故スティーブ・ジョブズ氏は、スピーチやプレゼンテーションの達人だと言われています。大学での講演はインターネットやCDで販売され人気を呼び、新製品発表会でのプレゼンテーションは数多くの本にまとめられベストセラーになっています。

ですが、じつはしゃべり方の常識ではジョブズ氏のスピーチは最高とは言えないのです。とくに、あのスタンフォード大学の卒業式でのスピーチは、どちらかというと訥弁《とつべん》で、視線を原稿に落とし、聞き手に訴えかける様子はありません。それでもジョブズ氏のスピーチはおもしろいと思わせ、多くの人の心をとらえて離さないのは、しゃべり方を超えたところにある本人の存在そのものです。次から次へとわいてくるアイデアを形にできる実績やその体験が、人の関心を呼ぶのですね。

存在そのものが人の関心の的だから、何を言っても「おもしろい」「興味深い」と人に思わせます。だから「ステイハングリー、ステイフーリッシュ」が心をつかんで離さないのです。

第3章

「説得力のある話し方」をするために

まずは相手の気を引くこと

最近ではビジネスにおいても、高いコミュニケーション力が求められるようになっています。コミュニケーションとは、考えやメッセージを相手に伝えたり、情報を交換すること。コミュニケーションがうまくいかなければ、組織としてチームワークを発揮し利益を共有するという、ビジネス上の価値も生まれにくくなります。

とくに初対面や不特定多数の人を対象に話をする場合は一方的にしゃべるため、物事が相手に正確に伝わらなかったり、話を聞いてもらえなかったりということが起こります。聞いてもらうには、まずこちらに注目してもらうことが大切です。

人気アイドルはそこにいるだけで周囲に人が集まるし、会社の社長が社員に話をするとき、たいていの社員は注意を向けます。しかし、肩書きも特殊な技能もない一般の人は、何もしなければそこまでの注目は集まらないのが普通。相手の気を引く「しかけ」を用意することが必要になってきます。

相手の気を引き、話を聞いてもらう手段としては、本気を込めること。じつはこれ

が、かなりの効果があるのです。たとえば営業マンが商品を売る場合、まず商品の特徴や使い方などを説明します。しかし知識があやふやだと今ひとつ自信が持てず、説明も歯切れが悪くなりがちです。正しく詳細な知識があってこそ、自信も生まれ、声にも力が入ります。まずは力強く説明しながら反応を見て、笑顔で相手の気持ちをほぐします。

このとき大切なのは「この商品が好きだ。皆さんにぜひ使ってもらいたい」という本気の気持ち。この気持ちが、知識と自信と合わせて、相手に届くのです。大切なのはこちらに意識を向けさせることです。意識が向いていなければ、どれだけ話をしても相手の耳には届きません。

相手の時間感覚を意識しよう

楽しい時間はあっという間に過ぎますが、退屈なことやいやなことをしているときは時間の流れが遅く感じられる……同じ時間なのに、「楽しい」「退屈」という感情が働いただけで、時間感覚は伸び縮みします。この時間感覚を身につけていないと、ときにビジネスの場で不利になることもあります。

たとえば15秒。一般の人の感覚では「あっという間」ですが、コマーシャルの制作者にとっては莫大な情報を発信できる時間です。テレビのコマーシャルの大半は15秒、30秒単位で制作されていて、視聴者に商品の特性とコンセプトを強烈に印象づけられるものを作っているのです。

ひるがえって日常生活では、1日何時間会話を交わしているでしょうか。本当は大量の情報を伝えることができる貴重な時間を、ただ漫然と過ごしていないでしょうか。

たしかに、雑談の中にも貴重な情報がひそんでいたり、一見むだ話でも相手との信頼を築くのに役立つことはあります。しかし、ビジネスにおいては豊富な情報をより早く伝えることでこそ、相手との話を円滑に進めることができるのです。

たとえば、何か質問をされて、「そうですね。えーと……」。これだけで5秒が過ぎています。考えている人にとっては5秒など一瞬に過ぎないかもしれませんが、相手にしてみれば質問の答えが返ってこないので、5秒の時間が何倍にも感じられるのです。それがいらだちの原因になり、交渉がこじれてしまうこともあるかもしれません。

とくに交渉の場では時間感覚のズレが相手の気分に微妙に影響を与えることが多いもの。たかが5秒、されど5秒。自分にとってはわずかの時間でも相手にとってどう感じられるか、つねに意識して会話することが大切です。

話す目的を忘れずに

会議における発言、大勢の前での講演、結婚式のスピーチなど、人前で話をする機会はさまざまです。ところが、状況や求められる内容が違うのに、いつも同じトーンでしゃべる人が多いのも事実です。場所と目的をわきまえて話をしないと、相手はなかなか話を聞いてくれないもの。自分が今ここで何を語りたいのか、その目的を自覚し、目的に合った話し方をしましょう。

たとえば、パーティーの席上での長々としたスピーチ。会場の客は飽きているのに、だらだらと話をしているのは迷惑です。短くても印象的なお祝いの言葉を言うことが、長いスピーチに勝《まさ》る場合があります。僕がある会社の創立記念パーティーで聞いたスピーチがこちらです。

「私は社長にには大変お世話になっています。この感謝の気持ちは言葉では言い尽くせません。しかし、今は皆様のおなかが減っている方が先決です」。これには、会場内は大ウケ。「おいしいものはおいしいうちに食べなければいけません。どうぞ召し上

がってください。本日はおめでとうございました」とひと言添え、印象がよりよくなりました。
大勢の前で挨拶をしたり、スピーチをする場合は格式ばってしまいがちです。慣れない言葉遣いを間違えないかとヒヤヒヤし、内容に実がないものになってしまいます。格式ばった挨拶は書き言葉のようなもので、自分の気持ちを素直に伝えることは難しいもの。印象に残る生きたスピーチをするためには、話し言葉を用い、自分の思いを言葉に込めることです。
だからと言って、思い切りカジュアルな言葉を使うのは考えものです。友達同士で使う言葉はくだけた表現で省略しても通じますが、挨拶やスピーチは不特定多数を対象にするため、省略せず、ていねいな言葉遣いをする必要があるのです。

会議で目立つ秘訣とは？

日本の会社の会議は、往々にして声の大きい人の意見が通ってしまいがち。出世も声の大きい人の方が早いような気がします。会議で発言する人は限られていて、残りの人は聞いているだけという状況が多いようです。日本にとって会議は「承認」の場であって、討論する場ではないのかもしれません。

一方、欧米の会社の会議は、かなり活発に意見が交換される討論の場。その場で解決するものと、改めて討議し直す議題とに分けられ、意見の対立もあります。しかし、相手の考えが理解できて内容が納得できた場合には、その場で自分の意見を訂正することもあります。

このようなスタイルの会議では、意見を言わないと承認しているか何も考えていないと見なされ、「仕事ができない」というレッテルを貼られてしまうこともあります。会議は自分を認めてもらえるチャンスと考え、ぜひ活用しましょう。

会議は事前の準備こそが大切です。準備することで自分の考えがまとまり、実りある議論が可能となるのです。積極的に議論をするために、当日の議題についてリサーチしたり、資料に目を通したり、自分の考えをまとめて簡潔に発言できるようにしておきましょう。また、会議では、発言する内容だけでなく発言するタイミングをはかること。他の人の発言をよく聞くことも大切です。反対意見を出す場合は、必ず理由と代替案を出すようにしましょう。

　会議ではひと言も発しないのに、会議が終わってから「あの案件は失敗すると思う」というような発言をする人がいますが、会議で一切発言しなかったというのは、賛同したということと同じです。賛同しながら後でネガティブな意見を言うのは、ビジネスパーソンとしても失格で、信用を失ってしまいますよ。

簡潔で十分な話し方をするために

大勢の前で発言するとき、何をどうしゃべったらいいかわからないと、悩む人も多いのではないでしょうか。とくに持ち時間が少ないときなど、すべてをしゃべろうと焦るあまり、まとまりのない話になってしまうことがあります。

限りある時間で自分の意見を簡潔に述べ、相手に理解してもらうには、事前に話を構成する必要があります。雑誌のページ作りを手本にするとわかりやすいでしょう。

雑誌は、まず大きな見出しがあります。次に、リードという大意をまとめた部分があり、本文が始まります。本文にも途中に小見出しがあり、話の転換になったり、次の項目を知らせたりしています。この組み立てで話を進めていきます。

まずは、「今日は、◎◎についてお話ししたいと思います」と、会議における発言のテーマを言います。これが、大見出しの部分。そして、次はリードの部分ですが、これから話す内容を大まかに述べます。「今回の問題点は、△△と○○の2点ですが、最初は△△についての状況と、問題点について考察したことをお話しします」。このとき、

話の組み立て方
①『テーマ』
②『大まかな内容』
③『詳細』

なるべく原稿を見ないで周囲の人の顔を見回し、反応を見ながら話すようにしましょう。後は時間によって、まとめたり、話題を変えて話を構成します。

持ち時間が極端に少ない場合、結論を先、理由を後に言うこともポイントです。結論さえ言えば、時間切れになっても言いたいことが伝わらないまま終わることはありません。

討論のときも同じ。結論から始め、次に理由を述べる方がスムーズに展開します。ここで必要なのは、自分の考えを相手に理解させるという意思。ただし、一方的に押しつけることは避けなければなりません。喜怒哀楽の感情が表に表れないよう、理路整然としゃべることも大切です。

話はナマもの

人前でしゃべるときに原稿を準備することがあります。話は「聞いてもらう」ことが前提。だからこそ、頭が真っ白になって言いたいことを忘れてしまわないために原稿を用意するのですが、そのまま読むのは問題です。

原稿を読んでいると、下を向いてしまいます。下を向いていては聞き手の反応が見えず、読むことに気を奪われ、声は平坦になり、内容は盛り上がりません。

たとえば、サッカーの国際試合で、日本の選手が強豪国に対して、初ゴールを奪ったとします。その瞬間、中継のアナウンサーは興奮気味に、「ゴォ………ル!!」と絶叫します。その「ゴール」の部分が原稿に書かれていたとして、下を向きながら「ゴール!」と読み、会場の熱気が伝わるでしょうか。書いたものを読むということは、このように「臨場感がなくなる」「体験談ですら体験に聞こえなくなる」というリスクを持っているのです。

話は本来「ナマもの」。そのときの体調、気分、聴衆、会場の雰囲気などでガラリと変わります。流れを見ずに原稿を読むだけでは、聞き手の心に響くことはありません。

とは言っても、原稿を書かなければ必要な内容が十分に含まれているかを確認することはできません。そこでおすすめの方法が、原稿を書いて、一度忘れること。それからもう一度展開や内容を考えながら、空でしゃべる練習をします。すると不思議なことに、忘れたはずの原稿が断片的に思い出されます。

完全に原稿を覚えるのは難しいのですが、原稿を記憶に残すために、絵で覚えるという方法もあります。原稿の中のキーワードに丸をつけて、その丸が原稿のどのあたりにあるかを絵として覚えます。キーワードさえ思い出せれば、関連する話が自然に出てきます。

ニュアンスを込めた話し方を

同じ話を聞いていても、心に残る人と残らない人がいます。その差はどこからくるのかと言うと、声やしゃべり方のニュアンスの違いです。たとえば、本当に気の毒だと思っているのと、うわべだけ同情しているのとでは、同じ言葉でも聞いている人には違って聞こえるのです。

言葉を発するときには、字に命を吹き込むような気持ちでしゃべりましょう。表情やニュアンスを声で表現するということです。色で言うなら、モノクロではなくカラーのしゃべり方をする感じです。たとえば、「ありがとう」も、字で書いただけではどれくらいの感謝なのかがわかりません。本当にうれしくて感謝感激していることを字で表すとしたら、「ありがとう。ありがとう。本当にありがとう」と書いても、まだ足りないかもしれません。しかし、気持ちを込めて、口に出してしゃべってみると、心から感謝していることが、声や言い方や呼吸などで伝わります。

会社の朝礼やセレモニーなどのときには、全体の雰囲気が緊張しているので、思い

切り原色のしゃべり方がマッチします。声に強弱をつけて、強調したい部分は強い声でアピール。反対に葬儀などでは、抑揚《よくよう》がなく沈んだモノトーンのしゃべり方をすれば、悲しみが伝わりやすくなります。

大勢の前でしゃべるときはどうしてもあがってしまいがち。とくに第一声が上《うわ》ずったりすると焦り、ニュアンスどころではないかもしれません。話し始める前に大きく息を吸い込み、意識してゆっくりとしゃべります。

話すスピードが速くなったと感じたら、「ところで」とか「しかし」などの接続詞を挟み、意識的にスピードダウン。下を向くと気道が狭くなり声が出にくくなるので、顔を上げ、会場を見渡して体勢を立て直しましょう。

マンガ

実践！話のおもしろい人になる①スピーチ編

人前でスピーチをするときに、原稿はお守りのようなもの。「これさえあれば、緊張しても大丈夫」という気持ちでスピーチに臨む人は多いことでしょう。でも、原稿スピーチには欠点もあります。それは、目が原稿に釘づけになるあまり、意識の中から聴衆が消えてしまうこと。また、原稿は書き言葉で作るため、どうしても話し言葉のスピーチには適さない単語を使いがちです。聞き手にとっても、耳で聞いただけでは意味がよくわからない単語が出てくると混乱してしまいます。原稿には話の大まかな流れ、固有名詞や間違ってはいけない数字、難しい地名などをメモしておく程度にとどめましょう。

原稿を読まずに聞き手の顔を見ながらしゃべるようにすれば、理解していないと思えば話をくり返す、もっとゆっくりしゃべるなど対応を変えることができます。聞き手の気持ちを察しながら臨機応変に話し方を変えることで、聞き手との間に一体感が生まれ、心に残るスピーチになるのです。

スピーチするうえでもうひとつ大切なのは、会場に誰が来るかをリサーチしておくことです。女性が多いのか男性が多いのか、平均年齢はどのくらいか、グループ参加が多いのか、個人参加の人ばかりか……それによって、興味を引く話題も変わってきます。お互いをよく知った人たちが集まるのであれば、多少くだけた話をすることで場の雰囲気が盛り上がるでしょう。聞いている人たちが共感できる、その場にマッチした話題を選ぶことが大切なのです。

また、案外意識されていないのが、スピーチの前のウォーミングアップです。直前までのんびりと座っていたのでは、人前に出てすぐにテンションを上げてしゃべり出すことはできません。たとえば、立ったまま鏡に顔を映して笑顔を作ってみたり、軽く発声練習をして集中力を高めていくなど、準備を整えておくことでしゃべり出しもスムーズになります。

何人かの人が続けてしゃべる場合には、前の人の話を聞いておくことも大切。たとえば、前の人のスピーチが長すぎて聞き手が疲れているようなら、1分くらいに短くまとめるなど。それだけで、聞き手の印象はグッとよくなります。

人前に立つとどうしても緊張してうまく話せない……という人は、あえて両手を大きく広げたり、体をめいっぱい使ってしゃべることを意識しましょう。聞き手の注意を引き、聞く体勢を作ることができますし、表情が動くので声もそれに連動して張りのあるいい声になります。緊張をほぐすのにも効果を発揮します。

結婚式当日
原稿忘れた！
ガーン
落ち着いて…まずお祝いで…
次に自己紹介…
前の人のスピーチにかぶせちゃえ
先にスピーチされた方は、新婦の美幸さんは控えめで奥ゆかしいとおっしゃっていましたが、大胆な一面も持っていて…
へー
絶対に美幸を幸せにしてくださいね!!
うううううう
ドッ
ばっ
ハハハ
いいぞー
ハッハイ
ぐっ
視線もしっかり

Point 1
原稿には話の大まかな流れや固有名詞、数字や地名をメモしておく程度に。

Point 2
前の人の話を聞いてそれを踏まえた内容にするのもよいでしょう。

Point 3
体中をめいっぱい使ってしゃべることで聞き手の注意を引きます。

Point 4
聞き手の様子を見ることで臨機応変に話し方を変えられます。

column

おもしろい話をするあの人 4

政治家の中には、一所懸命に伝えようとするあまり、説明が長い人がいます。聞き手は、たくさん説明してもらったことは覚えていても、何ひとつ記憶に残っていないということがあります。

かつての総理、小泉純一郎氏はまったく逆のタイプで、あまり説明をしない人でした。ＰＫＯで自衛隊をイラクのサマーワに派遣するかどうかもめた際、野党がサマーワの地図を持ち出してこう質問したことがありました。

「自衛隊をサマーワの非戦闘地域へ派遣するとおっしゃいますが、この地図でどこが戦闘地域でどこか非戦闘地域なのか、総理、説明してください」

それを聞いていた小泉さんは、おもむろに口を開きます。

「サマーワのどこが戦闘地域でどこが非戦闘地域か、私にわかるはずがないじゃないか」

この発言で委員会は大もめにもめました。普通なら控えている秘書官と相談し、もう少し説明的な話をするのでしょう。まったく説明しないのも問題ですが、それでも政策実現能力とリーダーシップはあったようです。饒舌《じょうぜつ》な指導者にカリスマはいない。小泉さんを見ているとそんなことを思ってしまいます。

第4章

「魅力的な話し方」をするために

自分にとって必要な情報を選ぶ

情報は、自分にとって本当に必要かどうか判断することが大切です。テレビでは一日中ニュースが流れ、雑誌にはグルメやファッション情報があふれ、知りたいことはインターネットで検索すればすぐに情報が手に入る……最近はとても便利ですが、一方で情報をしっかり取捨選択する力が求められます。ただ情報を集めるだけでは、使える情報が使いたいときに出てこない、会話に活用できないということにもなりかねません。

ところが、メディアの情報には落とし穴が潜《ひそ》んでいます。雑誌やテレビを見て、実際には行ったこともないのに、よく知っている気分にさせられることはありませんか？　それも、普通なら見られないようなところでも特別に許可を得て取材できる場合があり、自分が実際に出かけていくより情報が豊富、と感じることもありがちです。

しかし、これらを見て実際に行った気になるのは危険です。テレビや雑誌などの情報は編集されたもの。「いいとこ取り」で都合のいい部分を見せることも、逆に、悪い

部分だけをつなぎ合わせて悪印象を演出することもできます。これでは、自分にとって本当に必要かどうかの判断はできません。新しいことをチェックするには有効でしょうが、ここで本当に重要なのは、自分が出かけた方がいいか、その必要はないかの判断です。

とは言っても、すべてを自分でチェックするのは難しいもの。実際に見聞きしたり体験したことのある人に、直接感想を聞いてみることも有効です。行動に裏打ちされた発言には、実感が込もり、的確な情報と言えます。

情報を積極的に取り入れることは必要ですが、それを鵜呑《うの》みにするのではなく、自分の体験や人との対話の中から生きた情報を手に入れて、取捨選択をすることが大切なのです。

「カラフル」な人になろう！

誰でも、無表情で取りつくしまのない人より、いつも笑顔で笑いが絶えない人に近づきたいと思うものです。笑いには人をリラックスさせ、相手との距離を縮める効果があるそうです。笑いのあるところに人が集まり、人が集まるところに情報は集まり、そしてそこからビジネスにつながることもあります。

とは言っても、人を笑わせるというのは簡単ではありません。誰もが笑い出すような話はそうはないし、ましてや、日本人の場合は伝統的に人前で大声で笑うことを歓迎しないところがあります。

アメリカには、相手に対するほめ言葉に「カラフル」というのがあります。「カラフル」とは、ジョークで人を笑わせる、楽しくて魅力的な人という意味です。この言葉がほめ言葉ということは、笑わせ上手な楽しい人が人気があることを示しています。

最近は日本でも「カラフル」な人が増えていますが、下ネタや人のミスを話すことをジョークと勘違いしているような、ユーモアセンスのない人も少なくありません。

日本古来の笑いに落語がありますが、落語はまず筋を覚え、間合いや表現を何度も何度も稽古してはじめて芸として完成し、お客さんを笑わせることができるのです。同様に、笑いのセンスや表現も、日頃から意識して練習しないと身につきません。外国人と仕事をすることになり、おもしろい話を英語で必死に覚え、部下や同僚を相手に何度も練習したという人もいます。カラフルな人になるには、努力が必要なのです。

ところで、ユーモアあふれる話も聞き手があってはじめて成り立つもの。会話のエチケットの基本は、相手の話をきちんと受け止めることです。相手がジョークを言ったら、ちゃんと笑うこともお忘れなく。

信頼感は毎日の積み重ね

初対面の人には、誰しも警戒心を抱くもの。プライベートな人間関係でも、ビジネスのつき合いでも、人に信頼感を持ってもらうということは一朝一夕にできるものではありません。

初対面の印象をよくするためには、まずは清潔感のあるファッションでイメージをよくすることが基本です。元気ではつらつとした人は好感を持たれます。全身からエネルギーがあふれ、つねにハリのある明るい声で話し、約束の時間には必ず現れるなど、当たり前のマナーを守るといったことの毎日の積み重ねが、やがて信用につながっていくのです。

また、一見むだ話に聞こえるおしゃべりやちょっとした世間話の中にも、信頼感を築くヒントがあります。そういった雑談をすることで相手の緊張や警戒心がゆるんで親しみが増します。また、雑談の中で自分の知っている情報を提供したり、相手が困っていること、欲していることを察知したりすることで、やがて「この人なら信頼でき

る！」と思ってもらえるようになります。

信頼感は、仕事の実績にも違いとなって表れます。ものやサービスを売る営業や販売の仕事は、同じ商品を売っているのに人によって売り上げに大きな差がありますね。優秀な人は、客の反応を見てのってこないなら最初の「つかみ」を工夫しようとか、迷っているなら聞くことを優先して無理《むり》強《じ》いはやめようなど、相手をよく観察し、それに応じて対応を変えます。そうすることで、相手と信頼感を築いているのです。

「この人なら」という評価を得れば、その評判がやがて独り歩きをして、次の仕事にもつながります。相手に商品を買ってもらうには、「自分を売る」ことが第一歩なのです。

印象のよい電話での話し方

電話は、今やビジネスにもプライベートにも欠かせないコミュニケーションツール。魅力的に話せる人になるためには、電話をうまく使いこなすことが必須です。

電話というのは、相手の気分や状況をつかみにくく、顔が見えないだけに難しいコミュニケーション手段です。電話における「気持ちのいい人」のポイントは、第一声。明るくていねいなしゃべり方で、第一印象をよくすることが大切です。中にはそのときの気分そのままで、忙しさや疲れを引きずったままの暗い声、ぞんざいな口調で応対する人もいますが、電話はかける場合でも受ける場合でも、お互いに相手がどのような状況かわからず不安を感じていることがあります。そんなとき、明るく元気な声が受話器から聞こえてくると、それだけで気持ちがふっと和《なご》むものです。

電話の際は、相手の状況も十分に考慮しましょう。電話、とくに携帯電話は罪作りなもので、受ける側の状況もお構いなしでかかってきます。ときにはトイレの中で仕事相手から電話がかかってきて慌てふためく……なんてこともあるかもしれません。

　忙しくて手が離せないときでも、人によってはこちらの状況などまったく考慮せず、一方的にしゃべりまくる人がいます。それなのに、自分が忙しいときにかかってきた電話に対しては、ぞんざいな対応で「あ、そう。じゃあ」と一方的に切ってしまうようでは、社会人失格です。

　ビジネスの場合は、用件が明快なことも大切なポイントです。仕事の電話は用件を伝えたり、会うための約束をしたり、簡単な確認をしたりするためのものであることを忘れないようにしましょう。通常の場合であっても、あまりに電話が長い人は、要領が悪いとか気遣いができないとか、交渉ごとが下手などと思われることもあるのでご用心。

失敗談を会話に活かすには

どうせ話すなら、失敗談より成功した話をしたいもの。ところが、「他人の不幸は蜜の味」とは昔から言われていることで、聞いている方にとっては人の成功談より失敗談の方が興味を引くことが多いものです。あまりよい趣味とは言えませんが、成功した話などいくら謙虚に話されても自慢話にしか聞こえず、うんざりするものなのでしょう。しかし、これを逆手に取れば、相手をあなたの話に引き込むこともできます。

とくに、ふだん仕事をバリバリこなすミスの少ない人、真面目な堅い人、いつもいかめしい強面《こわもて》の人などが、ちょっと笑える自分の失敗を話したら、周囲は親近感を抱くことでしょう。誰にでも失敗はつきもの。その失敗をどう活かすかが重要なのです。

失敗談は、話に詰まったときの「間」を埋めるのにも役立ちます。初対面の人と話をしている最中、天気、共通の知人、趣味、スポーツなど当たりさわりのない話をした後、何も話すことがなくなったときに、あまり深刻にならない失敗談をひとつかふたつ持っていると便利です。たとえば、ミーティングのとき、意見を求められたとたん

におなかがグーッと鳴ってしまった、電車が大きく揺れ、気がついたら前に座っていたおじさんの膝の上にちょこんと座っていたなど……他愛のない失敗談は、周囲の笑いを誘います。

失敗談を会話に活かすコツは、本物の失敗談であること。作り話はリアリティーがなく、相手も何となく気づくものです。思い出すとちょっと赤くなってしまうくらいの実話だと、話も弾みます。自分の失敗談であることもポイントです。他人の失敗を語るのは、話としてはおもしろくても、本人が聞いたら不快に思います。また、起承転結、オチがハッキリしていると相手も笑いどころがわかりやすいですよ。

「自分本位」になっていませんか？

あの人と話しているとおもしろい、楽しいと思われれば、当然ながらそこに人が集まってきます。逆に、話をしていてつまらない人の周りからは、いつしか人が離れていくものです。この違いは何なのでしょうか。

話していてもつまらない人を分析してみると、いくつかのタイプがあります。

①上の空で反応のない人……一所懸命に話しかけても上の空で、受け止めてくれないような人はつまらない。

②自分の話ばかり延々と続ける人……相手の気分などお構いなしに、自分の話、とくに自慢話を続ける人はつまらない。

③おもしろさを押しつける人……自分の趣味の世界や、ある特定の世代だけの流行のものを押しつけるなど、一方的な人はつまらない。

この3つに共通しているのは、すべての基準が自分の都合で、相手のことを考えていないということです。こんな「自分本位」な人としゃべっていても、退屈で話したくなくなってしまいます。

　また、このような人は相手の話を聞かないのも特徴で、相手の話を自分本位に解釈して行き違いが起こることもしばしばです。

　たとえば、仕事相手が「ちょっと……検討させてください」と言ったとき、本当は断りたいけど一応時間をおきましょう、ということを示しているのかもしれません。断定を避けてあいまいな言い回しを使っているのに、それを勝手に、前向きに検討している、など自分の都合のいいようにしか受け取らないと、トラブルが生じることもあります。

　話を聞くときは、言葉をそのまま受けるだけでなく、相手の言葉の意味をしっかり把握することが大切です。

笑顔と愛嬌は人を引きつける

自分は周囲に受け入れられないと悩む人がいます。そんなときは、まず自分が相手を受け入れているかどうかを考えてみましょう。いつも無表情で壁を作っているような人のところへは、誰も近づきたいと思わないものです。

表情が豊かといえば、小さな子どもです。子どもは喜怒哀楽がはっきりしていて、うれしいときは思い切り笑い、いやなことや悲しいことがあれば顔をくしゃくしゃにして泣きます。でも、大人になるとなかなか喜怒哀楽が表情に表れなくなります。大人の顔には、2種類あるような気がします。子ども時代の顔が想像しやすい人と、まったく想像できない人。何かうれしいことがあっても、ふだんとまるで表情が変わらない人がいますが、その人の子ども時代の顔はどうしても想像できません。しかも、顔が無表情だと声も平坦になり、話し方にも感情を込められなくなります。うれしさは相手の警戒心をゆるめる効果もあるため、できるだけ表情に出した方がコミュニケーションがスムーズになります。笑顔には、人を引きつける不思議な引力があるのです。

笑顔と一緒に心に留めておきたいのが、「愛嬌」です。愛嬌とは、たとえて言えば仕事の顔がふっとゆるんだときに見せる「すき」のようなものです。自分の手の内を見せてもいいという人間的な懐の深さが感じられ、相手に親しみを抱かせるのです。たとえば、仕事をバリバリこなしている人がじつはケーキに目がなくて、たまたま手みやげにもらったケーキをうれしそうにほおばっている姿は愛嬌があります。

ちなみに、何かに一心に打ち込み、厳しく仕事をしている人が一瞬見せる「すき」だから愛嬌になるのであって、日頃から「すきだらけ」の人には当てはまらないので、その点はご注意を。

マンガ 実践！話のおもしろい人になる② 職場編

何事においても、ケチな人というのは、あまり人に好かれないものです。たとえば職場でも、エアコンの設定温度を少し上げたいなと思った場合に、黙ってリモコンをピッとやるのと、「ちょっと寒いので上げてもいいですか」と言葉を添えるのとでは、印象が大きく違ってきます。ちょっとしたひと言をケチったばかりに相手との関係が険悪になったり、逆に、ひと言添えただけでその人のイメージがぐっとよくなったりするのだから、言葉の力をあなどってはいけません。

職場でのコミュニケーションを円滑にするためには、「言葉をケチらない」だけでなく、「話の振り上手」になることも大切です。何人かが集まって話をする場では、「のけ者を出さない」こと。たとえば会議の席で部長の顔ばかり見て話をする人がいます。何とか部長に承認してほしい一心なのかもしれませんが、部長ひとりに向かってばかりしゃべっていたのでは、その場にいる他の人が疎外感を覚えてしまいます。言葉の切れ目切れ目で他の人にも視線を送って同意を求めたり、意見を求めるようにしましょう。飲み会では、その場の出席者をさりげなく見て、つまらなそうな顔をしている人を見つけたら、相手が得意な話題を振ってみるなど。全員が会話に参加している意識を持てれば座は盛り上がるでしょう。周囲にも「今日は楽しい会だったなあ」と、よい印象を残すことができます。

取引先との交渉では、たとえば本音ではものやサービスを売りたくても、いきなりセールストークをするようなことはしないこと。一流のセールスマンは、それなりの雰囲気作りをして、いかに本来の目的以外のところで相手を気持ちよくできるか、そこに勝負のカギがあることをよく心得ています。ずっと世間話をしていて、その中から困っていることやほしいものをつかむこともあるし、ひたすら相手の話を聞いて、人間関係を作り上げることもあります。自分がしゃべるのも、相手の話をじっくり聞くのも、タダでできることです。それでよい関係が築けたり、セールス相手のニーズがつかめたりするのなら、むだ話も「むだ」にはなりません。

また、もしあなたが社会に出たばかりの人なら、「叱られ上手」になることも、大きなポイントです。仕事をするうえでは、誰にでも失敗はあります。上司に叱られたり、ときには怒鳴られることがあるかもしれません。しかし、その後がポイント。叱った相手も、どうフォローしようか考えているものです。叱られた後は根に持たず、さっと気分を変えて明るい顔をすれば、心のわだかまりを早く解消することができ、相手との関係も深まるでしょう。

Point 1
相手のニーズをつかみ、こちらの話を聞いてもらう雰囲気を作りましょう。

Point 2
その場にいる全員が会話に参加していると思えるような雰囲気を作りましょう。

Point 3
ひと言添えるだけで、相手の印象も違ってきます。

Point 4
叱られた後は根に持たず、さっと気分を変えて明るい顔をしましょう。

column

おもしろい話をするあの人 5

2011年、落語家の立川談志師匠が亡くなられました。僕は若い頃から落語が好きだったので、談志さんの高座も何度となく見に行ったものです。基本的に古典落語は、同じ話を話芸でみせる芸能。「えー。ばかばかしいお笑いをひとつ」で始めてもいいのですが、談志さんは会場に来ているお客さんの顔ぶれや雰囲気などを考えてちょっとした話をします。その枕と呼ばれる導入の話がおもしろく、聞き入っているうちに落語に入っているという具合です。

たとえば『芝浜《しばはま》』という落語があります。酒ばかり飲んで働かない魚屋が大金入りの財布を拾う、というところから始まる話です。「新聞読んでたら、失業率が上がったってのが出てた。失業ってのは、働くところがなくなるってことでしょ。本当に働くところがないのなら、なんで東南アジアや中南米から労働者がやって来ているのかね。小泉さんが気合を入れて働き出すと、働く場所がなくなるのが不思議さね。ある男がね、職業安定所に来て言ったって。私は子どもが14人もいます。すると相談員が、『他にできる仕事は』って」ここで笑いが起きます。

談志さんの枕は、世の中のニュースや政治批判などをさらりと入れていて、それがまたおもしろいのです。

第5章
「マナーに合った話し方」をするために

その場の雰囲気をつかむ

以前、ＫＹ（空気が読めない）という言葉が流行りましたが、自分の置かれている状況やその場の雰囲気がよくわからない、まさにＫＹな人は、どのような場でも浮いてしまいがちです。職場なら、「つき合いが悪い」とか「融通がきかない」など、謂《い》われのない評価を受けることもあるかもしれません。

たとえば、会社の飲み会で、皆が和気あいあいの打ち解けた雰囲気になっている中、ひとりだけ姿勢を正したまま、誰に話しかけるでもなく難しそうな顔をしていたらどうでしょう。じつは内向的で積極的に話ができない性格なだけであっても、「お高くとまっている」「つき合いにくい」などと思われてしまうこともあります。そんな人は、自分から話しかけなくても人の話を聞いている表情をするとか、あいづちを打って笑っているとか、「楽しく参加してます」と周囲にわかるサインを出してみることです。それだけで、その場に溶け込んでいるように見えるはずです。

大切なのは、その場の空気を読む感覚。表情や声のトーン、リアクションといった

相手のサインに着目し、相手が何を考えているかを読み取ることです。とくに世代も利害も違う人々が集まる社会にあっては、どのように場の空気を読みそれに溶け込んだように見せるかが、人間関係を円滑に進めるコツです。たとえば周囲をよく見て、周囲が笑顔だったら自分も笑顔でいるとか、自然に楽しげな態度を取るというように、敏感に反応する必要があります。

その場の雰囲気を読み、抵抗なく同化できる人は、周囲の人を楽しませられる魅力的な人と言えます。それは、ビジネスの場では相手の機嫌や状況を敏感に察する勘のよさにもつながります。仕事をするのに持っていた方がいいスキルのひとつでもあるのです。

話のリバウンド王になろう

会話は、相手があってこそ成り立つものです。自分が話したら、相手の反応を受けてまた返す。そのリズムがよくなかったり変な方向に打ち返したりすると、会話のラリーはストップしてしまいます。初対面の人とのラリーでは、とくに話題の選び方や言葉遣いなどに気を遣いますが、初対面の好印象は円滑な人間関係には欠かせません。

初対面の人との会話には、昔から使われているセオリーがあります。それは、話題の選び方を表す「キドニタチカケセシ（木戸に立ちかけせし）衣食住」というものです。「キ」は「気候」のこと。お天気の話をしていれば、一応会話は成立します。同様に、「ド」は「道楽」、「ニ」は「ニュース」、「タ」は「旅」、「チ」は「知人」、「カ」は「家族」、「ケ」は「健康」、「セ」は「セックス」、「シ」は「（深入りしない程度の）仕事」、そして「衣食住」となります。

このように話題を選びながら、会話を進行させると、初対面の人とも順調に人間関係が結べるでしょう。相手の返してきた言葉を受けて返すということを意識して実践し、それをくり返すことで会話は上達していくのです。

しかし、ただやみくもに話すだけではいい印象は望めません。ラリーを続けようとするあまり相手のことなどお構いなしにしゃべりかける人がいますが、これは「『ほど』を心得た距離」のわからない人。話しかけても積極的に返事が返ってこないなら、相手が疲れているか話したくない気分だというのを感じ取る必要があります。

誰かと会話するときは、相手の顔色、目の動き、返事などの反応を見ながら、すっと引いたり続けたり、うまくタイミングをはかりながら話題を変えていくことが大切です。感想を述べたり相手をほめたりするにもこの距離が重要。会話の達人は、心理学者でもあると言えます。

会話のセオリー
キ 気候
ド 道楽
ニ ニュース
タ 旅
チ 知人
カ 家族
ケ 健康
セ セックス
シ 仕事
衣
食
住

言葉遣いで距離を縮める

会話の相手との「距離」は、言葉遣いによってはかることができます。初対面なのになれなれしいくだけた口調で話す人や、親しい間柄でもていねいな言葉を崩さない人もいますが、一般にていねいな言葉遣いをしているときは、相手との距離はまだ遠く、親密さがわいてくると少しくだけた言葉遣いをするようになります。

これをうまく利用すれば、相手との距離を縮めることができます。なかなか相手との距離が縮まらない……と歯がゆい思いをしているときは、ほんのちょっと言葉遣いを崩してみませんか。仕事では敬語を使うにしても、仕事を離れた席では少し言い方を変えてみるのです。

たとえば、「あの映画ご覧になりましたか？」と言っていたところを、「あの映画見ました？」と、少しカジュアルに言ってみましょう。相手も身をのり出して「見た、見た！」と、気軽に返事をしてくれるかもしれません。ただし気をつけたいのは、いきなり友達言葉に変えるのではなく、公式の場では敬語を使い、本題からはずれた話題

やアフターファイブなどで、相手の様子をよく見ながら少しずつ敬語をはずしていくことです。敬語をていねい語にして、さらに、少しずつくだけた言葉遣いにする……これがコツです。

ただし、「くだけた」というのは、「ふざけた」でも「乱暴な」という意味でもありません。それは、「親しみを込めた」言葉遣いを心がけるという意味なのです。

また、相手がかなり年上の場合は例外です。敬語を使いながら相手を立てることで、けじめをつける人間であることをアピールすれば、相手との距離が縮まる場合もあります。敬語を含めた言葉遣いは、相手の反応を見ながら徐々に変えていきましょう。

会話に埋まる「地雷」に注意！

会話を交わすときに気をつけなければいけないこと、それは、いわゆる「地雷」を踏まないようにすることです。「地雷」とは、相手が触れてほしくない話題や、言われるといやなことです。誰でもそんな話題を少なからず抱えているもの。不用意に「地雷」を踏んでしまうと、相手との関係が一気に壊れてしまいかねません。

欧米では、宗教、政治、過激な下ネタなどは、会話においてタブー視されています。主義主張の違いが論議を呼ぶ可能性のある政治・宗教の話題や、品性に欠けるような内容は、欧米に限らず避けるべき話題と言えます。

会話のタブーというのは、基本的には、相手が話題にされて不快になることです。相手が初対面の人なら、事前に周囲の人などにリサーチをしておくのもよいでしょう。また、実際に会話を進める中で、相手の答え方、ちょっとした表情や態度からもわかるものです。相手の様子に注意を払い、その相手にとってのタブーを知る努力をすることが、「地雷」を踏まない最大のポイントです。

気をつけるのは、親しい人が相手の場合も同様です。とくに言ってはいけないのが、家族や兄弟を含めた親戚の悪口です。また、性格、容姿などに関わることも注意が必要。何気なく言った相手の親のことから夫婦ゲンカに発展した、という話は珍しくありません。

仕事関係なら、出身校の話題もタブーの場合があります。自分の出身校に対してコンプレックスを持っている人もいるかもしれません。また、女性の場合は、結婚、恋愛、出産に関することも要注意。本来、円滑なコミュニケーションの手段であるはずの会話で、相手との関係を壊してしまっては意味がありません。会話に埋まる「地雷」の存在を忘れないことが大切です。

ギャップを認めて活かす

ところ変われば習慣や価値観も変わるものです。たとえば、日本では誰かが座った場所にすぐ座るのをいやがる傾向がありますが、赤道直下のインドでは、誰かが座った後は、人が争うようにして座るとか。というのも、日本では前の人の体温の名残りの生暖かい感じをきらいますが、日中の気温が摂氏40度から50度近くにもなるインドでは、体温の方が低く、一瞬涼しく感じられるというのです。

日本ではちょっとわかりにくい生活観のギャップと言えますが、このようなギャップは素直におもしろがることができます。会話をするとき、誰に対しても使える便利なネタになります。うまく活かすとよいでしょう。

ところが、少々やっかいなのが、世代のギャップかもしれません。年齢が違えば、好みも価値観も違うのは当然ですが、これを「話が通じない」と言ってしまったら、会話は進まなくなってしまいます。

たとえば少し前の、携帯電話が普及し始めた頃。携帯電話を使っていない年配の世

代に、携帯電話のコンテンツ事業の話を持ち出しても、耳を貸してもらえなかったという話もあったようです。この世代には、うまく使えないという苦手意識以上に、携帯電話を持つことが付和雷同《ふわらいどう》の印象を持たれるような抵抗感もあったのでしょう。世代によって感じ方が違うのは当然のことです。その感じ方の違いをビジネスにうまく活かす工夫も、また必要なのです。

　世代の違いによるギャップは、どちらがいい悪いという問題ではありません。ギャップとは、価値観の違いや文化の違いといったたんなる状態のことです。ギャップを認めることで多様な価値観があるということがわかり、視野を広げることができるでしょう。

「相手のジョークを笑う」のもマナー

あなたの上司は、どんな人でしょうか。いつも難しそうな顔をして、冗談ひとつ言わないような人だと少々気詰まりですが、ダジャレや陳腐《ちんぷ》なジョークを連発するような上司もリアクションに困ることがあります。「部長、その冗談はもう100回くらい聞きました！」と言ったり、うんざり顔で無視することはありませんか。そんなことをくり返していたら、互いのコミュニケーションもぎこちなくなってきます。

アメリカには「ボスのジョーク」というのがあるそうです。ボスがジョークを言ったら、部下はとりあえず笑うというのがエチケット。たとえ何度聞いたジョークでも、部下ははじめて聞いたように笑うのが、「ボスのジョーク」のルールなのです。

これは、必ずしも上司におべっかを使うという意味ではなく、相手の話を聞いたら「ウケる」というエチケットがしっかり定着しているからです。相手がおもしろいことを言ったら、とにかく笑う。これだけでその場の雰囲気やお互いのコミュニケーションがうまくいくことを、子どもの頃から身につけているのです。

会話のエチケットの基本は、相手の話を受け止めること。ジョークを言ったら、ちゃんと笑うのは、コミュニケーションをはかるうえで大切なことです。「笑い」は人間関係の潤滑油。これを提供してくれた人に、敬意を込めて笑いで返すというのは、当然のことなのです。

でも、この当然のことは、ともすると忘れられがちです。するとつまらない冗談だけでなく、自分にとって貴重な情報さえも入ってこなくなります。どんな話でも、一応聞いてみることです。それも、親が小さい子の話を一所懸命に聞くように。相手の話はきちんと受け止め、しっかり返すという会話のエチケットを身につけているかどうかで、人間関係の広がりも、情報の入り方も違ってくるでしょう。

終わりよければすべてよし

大勢の前で話すのが苦手、という人は多いのではないでしょうか。そんな人は、とにかく最後までしゃべることだけで精一杯で、なかなか自分の顔や表情、態度、姿勢などまで気が回りません。でも聞き手は、話す人の声や内容はもちろん、目や耳に入るすべてを見聞きしているものです。

話すというのは、ただ声を出して言葉をつなげればいいわけではありません。感情のエッセンスを振りかける必要があります。たとえば、ほしかったものをプレゼントされて、棒読みのように「う・れ・し・い」とは言いません。顔はニコニコ、体はうれしさで弾み、声も明るく「わぁ、うれしい！」となるのではないでしょうか。

会話で相手に何かを伝えるときは、声を出すだけでは十分ではないのです。まるで表情を変えずに言っても、うれしさは伝わりません。心のありようが声やおしゃべりに表れるからこそ、相手にそれが伝わるのです。たとえば、「がんばりましょう！」と言うとき、自然にこぶしを握ったりその手を高く掲げたりしますが、この動作で、意

志がより強く表れ、それが声の力強さにもつながるでしょう。

人前で話すときに、もうひとつ気をつけたいのが姿勢です。意外ですが、話している間より、話し終わったときの印象の方が鮮明に記憶に残ることが多いものです。

たとえば力強く迫力のあるスピーチを終えたとたん、背中が丸くなったり、ため息をついたりというのでは、話の内容と終わりの態度にギャップが生まれ、印象が悪くなってしまいます。ときには話の内容さえ疑われかねません。

人前で話すときは、「終わりよければすべてよし」を肝に銘じて、最後まで気を抜かないようにしましょう。

マンガ● 実践！話のおもしろい人になる③ 就職面接編

入社試験などで志望動機やセールスポイントを言うときに、どこの会社でも同じことをしゃべる人がいます。でも、会社にはそれぞれ社風というものがあります。また、業種によって求められるキャラクターも技能も違います。違うものを求められているのに、まったく同じ自分を演出するというのは決して得策ではありません。

先進的な雰囲気で経営者も若い会社なら、やる気をそのままぶつけることが評価につながるかもしれません。しかし、謹厳実直を社風としているような会社の面接でも同じやり方が通用するかといったら、おそらくそうではない可能性が高いでしょう。

志望動機や自分のセールスポイントも、相手が受け入れやすい言い方で言わなければ、効果がないということです。そう考えると、マニュアル通りの自己アピールでは相手の心を動かせない、というのもよくわかりますね。「性格は明るく、何事も前向きに取り組む」などといった非の打ち所のない健全さは、個性がないのと同じことです。自分ならではのセールスポイントを見極めることも大事な要素であることは、言うまでもありません。

面接の基本中の基本とも言えることですが、初対面の人に会うときや自分を売り込みたいときには、まずアピールに集中できる環境を整えることです。自分が一番落ち着ける服を着たり、靴もできるだけ履き慣れたものを履くなど。ごく当たり前のことのようですが、新しい靴を履いたために足に合わず、足が痛くなってそちらに気を取られてしまったら元も子もありません。自分の居心地のいい状態、つまりベストな状態で勝負できる環境を整えることで、はじめて自信を持ってアピールができるのです。

自信といえば、声の大きさも、面接の場で自分を表現するための大切な要素です。何度も面接に失敗しているような場合、次第にあきらめ半分のような気持ちになり、自信のなさから声も小さくなって十分なアピールができなくなります。

そんなときは、自分が今までしてきたことや、人に誇れるものを振り返り、しっかりと自覚してみてください。きっと、再び自信が生まれてくるでしょう。そして、その自信をアピールするために、おなかいっぱいに空気をためて、深い呼吸を意識しましょう。そうすることでめいっぱい声帯が震え、パワーのあるいい声が出せるようになります。

もちろん、声だけでなく表情にも気を配ります。やる気のない、眠そうな表情では相手もいい印象を持つはずがありません。やる気にあふれた、明るい表情をしていることが大切です。

OB訪問
うちの会社はわりと自由な社風だよ
へぇー
参考になりました。ありがとうございます
いやいや
よし！
これでいこう!!
バシッ
1年目からいきなり3割、ホームラン30本、打点90を打つのは難しいかもしれませんが、盗塁30は保証します！それにエラーは絶対しません
ハハハ
内定Get!

Point 1

求められるキャラクターや技能を知り、自分ならではの魅力を見極めます。

Point 2

人脈を広げるため、報告とお礼は欠かせません。

Point 3

身支度を整え、ベストな状態で自分をアピールできる状態にしましょう。

Point 4

志望動機やセールスポイントは相手が受け入れやすい言い方で伝えましょう。

著　者●高嶋秀武（たかしま・ひでたけ）
1942年、神奈川県生まれ。明治大学政経学部卒業後、ニッポン放送に入社。アナウンサーとして、ナイターの実況中継からニュース、芸能など幅広く活躍。そのかたわら、「オールナイトニッポン」「大入りダイヤルまだ宵の口」などで人気を博した。1990年、ニッポン放送を退社し、フリーとなる。長寿番組「高嶋ひでたけのお早よう！中年探偵団」では、朝の情報番組を定着させた。2012年5月現在、ニッポン放送「高嶋ひでたけのあさラジ！」でメインパーソナリティーをつとめる。
著書に、『話が面白い人のちょっとした習慣術』（青春出版社）、『あの人につけたい「おしゃべりのクスリ」』（小学館）、『話のおもしろい人、つまらない人』（ＰＨＰ文庫）などがある。

イラスト●高村あゆみ（たかむら・あゆみ）
東京都在住。制作会社を経て、フリーランスのイラストレーターとして活動中。書籍、Web、広告等を中心に、ジャンルにとらわれず「ゆるさ」を感じる絵を描いている。
http://www.yururira.com/

装丁：石間　淳
本文デザイン：松原　卓（ドットテトラ）
制作協力：オメガ社

イラスト版
話のおもしろい人、つまらない人
人間関係が10倍うまくいく話し方のヒント

2012年５月21日　第1版第１刷発行
2013年７月16日　第1版第17刷発行

著　者◎高嶋秀武
発行者◎小林成彦
発行所◎株式会社PHP研究所
東京本部　〒102-8331　千代田区一番町21
　　　　　書籍第二部　☎03-3239-6227（編集）
　　　　　普 及 一 部　☎03-3239-6233（販売）
京都本部　〒601-8411　京都市南区西九条北ノ内町11
PHP INTERFACE　http://www.php.co.jp/

印刷所◎図書印刷株式会社
製本所◎東京美術紙工協業組合

ISBN978-4-569-80412-5